Secos y contentos

Heather E. Schwartz

✳ Smithsonian

Autora contribuyente

Jennifer Lawson

Asesoras

Madelyn Shaw
Curadora
National Museum of American History

Sharon Banks
Maestra de tercer grado
Escuelas Públicas de Duncan

Créditos de publicación

Rachelle Cracchiolo, M.S.Ed., *Editora comercial*
Conni Medina, M.A.Ed., *Redactora jefa*
Diana Kenney, M.A.Ed., NBCT, *Directora de contenido*
Véronique Bos, *Directora creativa*
Robin Erickson, *Directora de arte*
Michelle Jovin, M.A., *Editora asociada*
Caroline Gasca, M.S.Ed., *Editora superior*
Mindy Duits, *Diseñadora gráfica superior*
Walter Mladina, *Investigador de fotografía*
Smithsonian Science Education Center

Créditos de imágenes: pág.8 Rebecca Cole/Alamy; pág.13 Volker Steger/Science Source; pág.14 (inferior) Juniors Bildarchiv GmbH/Alamy; págs.14–15 Robert Harding/Alamy; pág.15 (inferior) Tim Nowack/National Geographic; pág.23 (inferior, izquierda) Mark Bowler/Science Source; pág.23 (inferior, derecha) E. R. Degginger/Science Source; pág.24 (inferior) © Smithsonian; pág.25 (superior) Dr Jeremy Burgess/Science Source; todas las demás imágenes cortesía de iStock y/o Shutterstock.

Library of Congress Cataloging-in-Publication Data
Names: Schwartz, Heather E., author. | Smithsonian Institution.
Title: Secos y contentos / Heather E. Schwartz.
Other titles: Staying dry. Spanish
Description: Huntington Beach, CA : Teacher Created Materials, [2020] | Includes index. | Audience: K to grade 3.
Identifiers: LCCN 2019047648 (print) | LCCN 2019047649 (ebook) | ISBN 9780743926485 (paperback) | ISBN 9780743926638 (ebook)
Subjects: LCSH: Rain and rainfall--Juvenile literature. | Waterproof clothing--Juvenile literature.
Classification: LCC QC924.7 .S3518 2019 (print) | LCC QC924.7 (ebook) | DDC 677/.682--dc23

Smithsonian

© 2020 Smithsonian Institution. El nombre "Smithsonian" y el logo del Smithsonian son marcas registradas de Smithsonian Institution.

Teacher Created Materials

5301 Oceanus Drive
Huntington Beach, CA 92649-1030
www.tcmpub.com
ISBN 978-0-7439-2648-5
© 2020 Teacher Created Materials, Inc.
Printed in Malaysia
Thumbprints.25941

Contenido

Días de lluvia

Imagina que estás por hacer un viaje. El pronóstico del tiempo dice que va a llover. Por suerte, tienes mucha ropa de lluvia que te ayudará a no mojarte. Como tu ropa es **impermeable**, el agua no tocará tu piel.

¿Por qué necesitamos estar secos? ¿Cómo se hace la ropa de lluvia? ¿Y cómo **se inspira** en la naturaleza? Todo empieza con el tiempo lluvioso.

PRONÓSTICO DEL TIEMPO

LUN	MAR	MIÉ	JUE	VIE
LLUVIAS	LLUVIAS	LLUVIAS	LLUVIAS	LLUVIAS
63	61	62	60	61

EN VIVO

8:15 a.m. ▶ PRONÓSTICO DE LLUVIAS. USEN ROPA DE LLUVIA PARA NO MOJARSE.

Tiempo lluvioso

El ciclo del agua comienza cuando el calor del sol calienta el agua. Cuando el agua se calienta mucho, se convierte en un gas. Eso se llama evaporación. El gas que se forma se llama vapor de agua.

El vapor de agua sube y, al subir, se enfría. Una vez que se enfría lo suficiente, forma nubes. Eso se llama condensación.

Las nubes también se enfrían. Cuando las nubes se enfrían mucho, se vuelve a formar agua líquida. El agua cae de las nubes en forma de lluvia helada, aguanieve, granizo o nieve. Todas esas son formas de precipitación. Luego, ¡el ciclo del agua empieza de nuevo!

El vapor de agua sube desde unas aguas termales en el parque nacional de Yellowstone.

El ciclo del agua

Una ardilla roja se sacude el agua para secarse.

Jugar con agua puede ser divertido, y es fantástico cuando hace calor. Entonces, ¿por qué es importante estar secos?

Los seres humanos necesitan estar secos la mayor parte del tiempo. Estar seco también significa estar calentito. Las personas pierden **calor corporal** en el agua. Además, la piel humana no está diseñada para estar mojada durante varios días seguidos.

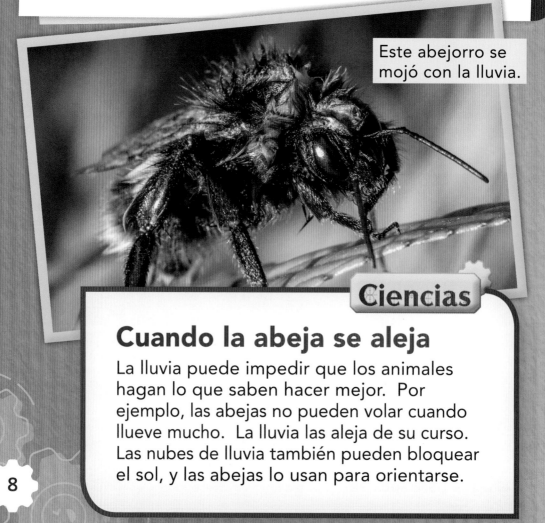

Este abejorro se mojó con la lluvia.

Ciencias

Cuando la abeja se aleja

La lluvia puede impedir que los animales hagan lo que saben hacer mejor. Por ejemplo, las abejas no pueden volar cuando llueve mucho. La lluvia las aleja de su curso. Las nubes de lluvia también pueden bloquear el sol, y las abejas lo usan para orientarse.

Dos hermanos juegan con los aspersores un día de calor.

Las personas pierden el calor corporal hasta 25 veces más rápido en el agua fría que en el aire frío.

El agua también puede arruinar las cosas de las personas. Por ejemplo, ¿qué pasaría si alguien dejara un dibujo bajo la lluvia? Los colores se correrían con el agua. El agua mojaría el papel, y el papel mojado se rompería. Cuando llueve, las personas no solo quieren estar secas sino que también quieren que sus cosas estén secas.

Este fotógrafo usa un paraguas para evitar que su cámara se moje.

El agua arruinó
estas fotografías.

Pintar con agua

La acuarela es una pintura
que se hace con agua
y **pigmentos**. Tiene un
aglutinante. El aglutinante
ayuda a que la pintura se
pegue al papel. La acuarela
se puede usar para crear
dibujos con muchos matices.

Algunos ingenieros estudian las plantas para obtener ideas de cómo mantenernos secos.

12

Estar secos cuando llueve cuesta trabajo. Pero hoy en día es más fácil que antes. Tenemos impermeables y botas de lluvia. También tenemos paraguas. Puede que llueva, pero la gente igual puede estar seca.

Tenemos que agradecer a los **ingenieros** por la ropa de lluvia. Los ingenieros buscan maneras de mejorar las cosas. A veces buscan ideas en la naturaleza. Allí suelen encontrar los mejores diseños.

Un ingeniero estudia ladrillos resistentes al agua.

Una protección natural

El tiempo lluvioso es una realidad. Los animales saben dónde ir para no mojarse. Algunos buscan refugio bajo tierra. Cavan túneles para alejarse de la lluvia. Otros animales usan plantas como refugio. Las hojas pueden bloquear la lluvia.

Los ingenieros observan qué hacen los animales para no mojarse. Se inspiran en ellos para mantener secas a las personas del mismo modo.

Un conejo pigmeo se refugia de la lluvia debajo de una hoja.

Estas cultivadoras de arroz usan esteras tejidas para estar secas cuando llueve.

Tecnología e ingeniería

Jinetes de la lluvia

Una sola gota de lluvia pesa 50 veces más que un mosquito. ¡Sería igual a dos carros encima de una persona adulta! Para que la gota de lluvia no lo aplaste, el mosquito se sumerge en ella. Luego, usa sus pelos para quitarse el agua de encima y escapar antes de estrellarse contra el suelo.

Muchos ingenieros observan a los reptiles para buscar ideas. La piel de los reptiles está hecha de **queratina**. Es la misma sustancia con la que están hechas las uñas de los seres humanos. La queratina hace que las cosas sean impermeables. Y es resistente a la lluvia.

Los ingenieros crean ropa de lluvia que es como la queratina. La ropa mantiene las cosas secas. Y es resistente a la lluvia.

La piel de este caimán es impermeable gracias a la queratina.

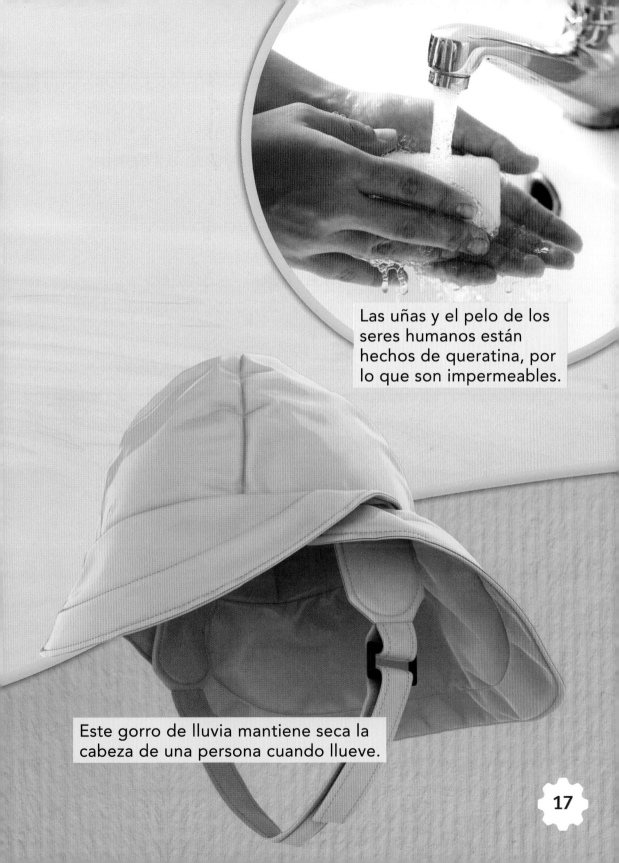

Las uñas y el pelo de los seres humanos están hechos de queratina, por lo que son impermeables.

Este gorro de lluvia mantiene seca la cabeza de una persona cuando llueve.

Los ingenieros también estudian los patos. Los patos tienen **glándulas** en el cuerpo que producen aceite. Los patos cubren sus plumas con ese aceite. El aceite los ayuda a **repeler** el agua.

Los ingenieros también estudian las plantas. Una planta que les interesa es el loto. Las hojas de loto repelen el agua. Cuando el agua cae sobre las hojas de loto, resbala. Las hojas no se mojan.

Los patitos no producen aceite y no son impermeables. Por eso, la madre esparce aceite sobre sus crías.

Las hojas de loto no se mojan, incluso cuando llueve.

flor de loto

La naturaleza nos inspira

Los ingenieros han hallado formas de mantener secas a las personas. Saben que pueden **revestir** objetos con productos químicos que los vuelven resistentes al agua. Pero algunos productos químicos son **tóxicos**. No son seguros.

Entonces, los ingenieros buscaron opciones más seguras. Crearon un nuevo tipo de revestimiento. Funciona como la hoja de loto. Se aplica en la ropa y las botas para repeler el agua.

Cómo funcionan los materiales impermeables

La tela repele el agua.

La tela deja pasar el calor.

La tela deja salir el calor corporal y la transpiración.

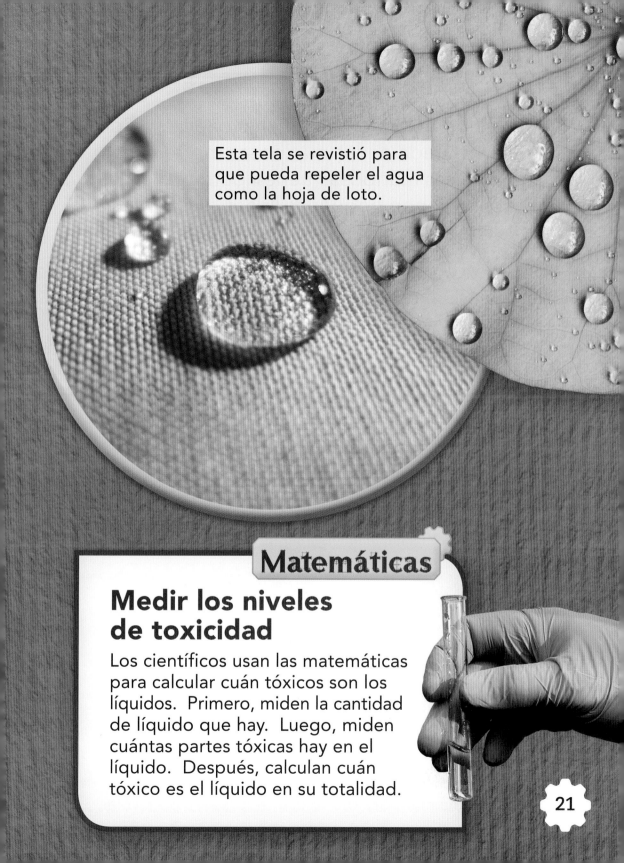

Esta tela se revistió para que pueda repeler el agua como la hoja de loto.

Medir los niveles de toxicidad

Los científicos usan las matemáticas para calcular cuán tóxicos son los líquidos. Primero, miden la cantidad de líquido que hay. Luego, miden cuántas partes tóxicas hay en el líquido. Después, calculan cuán tóxico es el líquido en su totalidad.

Como las mariposas

Los ingenieros también han creado ropa de lluvia inspirada en las mariposas morfo. Las alas de esas mariposas tienen patrones. Los patrones tienen pequeñas líneas en relieve. Esas líneas se llaman escamas.

Las escamas repelen la lluvia. El agua rebota en las escamas. Eso ayuda a evitar que las alas de la mariposa se mojen. Las gotas de agua apenas tocan las alas. Luego, rebotan rápidamente. La ropa inspirada en estas alas también actúa con rapidez.

Una mariposa morfo azul se prepara para volar.

mariposa morfo azul

patrón del ala

escamas

23

Trabajar con ballenas

No siempre ha existido la ropa de alta tecnología para la lluvia. Los cazadores primitivos usaban ropa hecha con los **intestinos** de ballenas y focas. Esa ropa no dejaba pasar la lluvia. Pero sí dejaba salir la transpiración. Funcionaba muy bien como ropa de lluvia.

Los ingenieros copiaron ese diseño. Crearon una tela llamada Gore-Tex®. Esa tela no deja pasar la lluvia. Pero deja salir el vapor de agua (como la transpiración). Las personas están secas bajo la lluvia, aunque transpiren.

El pueblo unangan, de Alaska, creó este impermeable de intestinos de ballena.

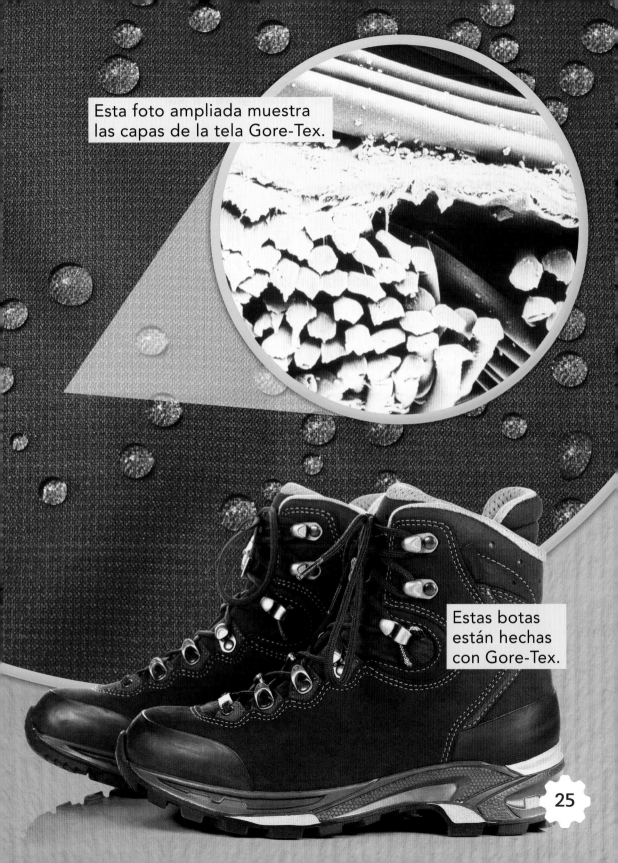

Esta foto ampliada muestra las capas de la tela Gore-Tex.

Estas botas están hechas con Gore-Tex.

La ropa de lluvia sirve

La ropa impermeable es importante. Nos mantiene secos y calentitos. Lleva mucho trabajo hacer esa ropa. Y los ingenieros siguen aprendiendo. Buscan respuestas en la naturaleza.

Tú también puedes buscar respuestas en la naturaleza. La próxima vez que llueva, mira afuera. Observa cómo la naturaleza se protege de la lluvia. Estúdiala como lo haría un ingeniero. Tú también puedes ayudar a las personas a estar secas.

Estos amigos miran un caracol que se arrastra por la tierra mojada mientras ellos están secos y calentitos.

DESAFÍO DE CTIAM

Define el problema

Se dice que este invierno será muy lluvioso. Una tienda te ha contratado para hacer una prenda de vestir para el invierno. Tu prenda debe ser impermeable y resistente.

 Limitaciones: No puedes usar más de cinco elementos.

 Criterios: Tu prenda debe ser de la talla de un amigo. Tu amigo debe seguir seco cuando viertas 250 mililitros (1 taza) de agua sobre la prenda.

Investiga y piensa ideas

¿Por qué es importante para los seres humanos estar secos? ¿Cuáles son algunas maneras en que las plantas y los animales son "impermeables"?

Diseña y construye

Bosqueja un diseño de tu prenda. ¿Qué propósito cumple cada parte? ¿Cuáles son los materiales que mejor funcionarán? Construye el modelo.

Prueba y mejora

Pide a tu amigo que se ponga la prenda al aire libre. Vierte 250 ml (1 tz) de agua sobre la prenda. ¿Tu amigo está seco? ¿Cómo puedes mejorar la prenda? Mejora tu diseño y vuelve a intentarlo.

Reflexiona y comparte

¿De qué otras formas puedes probar tu diseño? ¿Tu diseño servirá para la nieve? ¿Qué otros materiales podrías usar para mejorar tu diseño?

Glosario

calor corporal: el calor que produce el cuerpo de un ser humano o de un animal vivo

glándulas: órganos del cuerpo que producen sustancias que usa el organismo

impermeable: que no deja pasar el agua

ingenieros: personas que usan la ciencia para diseñar soluciones a los problemas o las necesidades

intestinos: tubos largos del cuerpo que ayudan a descomponer la comida después de que sale del estómago

pigmentos: sustancias que dan color a otros materiales

queratina: una parte del pelo, las uñas y la piel que actúa como un escudo

repeler: mantener algo afuera o alejado

revestir: cubrir con una capa fina

se inspira: toma una idea sobre qué hacer

tóxicos: que contienen una sustancia dañina o venenosa

Índice

Consejos profesionales
del Smithsonian

¿Quieres ayudar a la gente a estar seca? Estos son algunos consejos para empezar.

"Estudia la historia y la ciencia de las telas. Quizás inventes una tela que ayude a las personas a estar aún más secas".
—Tim Winkle, curador

"Estudia ingeniería y arte en la universidad para aprender sobre diseño. También estudia los animales, como las ovejas, y las plantas, como el algodón, para aprender cómo hacen para estar secos".
—Madelyn Shaw, curadora